Basteln mit Heu und Stroh

Michael Platz

Basteln mit Heu und Stroh

Urania-Ravensburger

Die Deutsche Bibliothek – CIP-Einheitsaufnahme
Ein Titeldatensatz für diese Publikation ist bei Der Deutschen Bibliothek erhältlich.

www.dornier-verlage.de
www.urania-ravensburger.de

Umschlaggestaltung: Behrend & Buchholz, Hamburg
Fotos: Sabine Münch, Berlin
Lektorat: Eva Hauck
Satz: City Repro, Berlin
Druck: Sebald Sachsendruck, Plauen
Printed in Germany

Gedruckt auf alterungsbeständigem Papier mit chlorfrei gebleichtem Zellstoff.

Die Schreibweise entspricht den Regeln der neuen Rechtschreibung.

03 02 01 00 4 3 2 1

ISBN 3-332-01151-0

Vorwort

Das handwerkliche Arbeiten mit Naturmaterialien wie Heu und Stroh spricht vielseitig unsere Sinne an, fördert die Kreativität und gibt der Fantasie immer neue Impulse. Nicht nur Kindern macht das kreative Bearbeiten von Heu und anderen Naturmaterialien Spaß und Freude, sondern auch uns Erwachsenen, die wir den Bezug zur Natur vielleicht schon etwas verloren haben.
In diesem Buch möchte ich Ihnen Anregungen zum schöpferischen Umgang mit Naturprodukten geben. Holen Sie sich die duftende Natur ins Haus! Lassen Sie sich von dem kreativen Naturmaterial inspirieren und schaffen Sie neue, fantasievolle Figuren zur Dekoration von Wohnung, Haus und Garten oder als witziges Geschenk für Ihre Freunde!
Viel Spaß dabei wünscht Ihnen

Michael Platz

PS: Sollten Ihnen die Ideen ausgegangen sein oder Sie ein Geschenk suchen, besuchen Sie mich und meine Figuren aus Heu und Stroh in unserem Laden PRINZENPOTT in Berlin Prenzlauer Berg, Hufelandstraße 4.

Für ein erfolgreiches Basteln benötigen Sie – neben Fantasie, Kreativität und Ausdauer – die richtigen Materialien und die geeigneten Werkzeuge. Im Folgenden sind die Grundmaterialien aufgeführt. Detaillierte Angaben finden Sie bei den Beschreibungen der einzelnen Figuren. Viele der genannten Materialien können natürlich auch durch ähnliche ersetzt werden.

Heu, der Hauptbestandteil der Figuren, ist in seiner Beschaffenheit sehr verschieden. Pflanzliche Zusammensetzung, Erntezeitpunkt und Lagerung bestimmen die Qualität dieses Materials. Besonders angenehm ist das Arbeiten mit sehr weichem grünem Heu. Einige Figuren lassen sich besser mit kürzerem, andere mit längerem Heu formen. Wenn Sie nicht auf Heu aus dem eigenen Garten zurückgreifen können, erhalten Sie dieses auch im Zoofachhandel oder auf dem Bauernhof.

Stroh verwenden Sie zum Umhüllen von größeren Gegenständen vorwiegend für die Außendekoration. Es ist gegen Witterungseinflüsse unempfindlicher und lässt sich sehr gut begrünen. Es ist allerdings nicht so formbar wie Heu und lässt sich schlechter binden. Stroh erhalten Sie im Zoofachhandel oder auf dem Bauernhof.

Holzwolle benötigen Sie vorwiegend zum Formen der Grundkörper größerer Figuren. Holzwolle ist ein gängiges Verpackungsmaterial und deshalb häufig preiswerter als Heu. Außerdem ist sie witterungsbeständiger und lässt sich sehr gut mit Spray- oder Acrylfarben einfärben. Sie ist allerdings nicht so gut formbar wie Heu.

Andere Materialien wie Bast, Kokosfaser und Moos lassen sich bei einigen Figuren an Stelle von oder in Kombination mit Heu verwenden, sind allerdings entweder nicht so fein und biegsam oder nicht so stabil und strapazierfähig wie dieses. Zur Dekoration der Figuren eignen sich Trockenblumen und andere getrocknete Pflanzenteile, Kokosfasern, Bast, Baumscheiben, Moos, Blütenblätter, Sämereien, Schleifenbänder, Flowerhair, Federn usw. All dies finden Sie in gut sortierten Blumenläden oder Gartencentern. Glas-, Kugel- und Wackelaugen sowie Kunststoffnasen sind im Bastelfachhandel erhältlich. Duftende Kräuter und Gewürze findet man in Lebensmittelgeschäften. Und Äste, Zweige, Borke und Tannenzapfen gibt es in großer Vielfalt in Garten, Wald und Flur.

Wickeldraht, blau geglüht, mit einem Durchmesser von 0,5 bis 0,65 mm, wird zum Binden und Formen der Figuren verwendet. Wickeldraht in den Farben Grün, Gold, Silber und Kupfer mit einem Durchmesser von 0,25 bis 0,5 mm setzt zusätzliche farbliche Akzente. Wählen Sie die Farben des Drahts nach eigenem Belieben aus. Sämtliche Wickeldrähte sind in Bastelgeschäften, Baumärkten oder Blumenläden erhältlich.

Als **Werkzeug** benötigen Sie verschiedene Scheren, z. B. Garten- und Haushaltsscheren, zum Schneiden der Naturmaterialien, eine Kombizange oder Drahtschere zum Durchtrennen der Drähte, eine Säge zum Zuschneiden von dickerem Holz, ein Messer zum Schnitzen, einen kleinen Schraubenzieher, um Löcher zu stechen, einen schwarzen Faserschreiber zum Anmalen der Kugelaugen, Acrylfarbe, ein Baumwolltuch oder Pinsel zum Färben von Schnäbeln und Beinen sowie Dekosprühfarbe. Eine Heißklebepistole hat sich zum Befestigen der verschiedenen Accessoires bewährt. Wegen der hohen Verletzungsgefahr sollte beim Basteln mit kleinen Kindern jedoch als Alternative ein Alleskleber verwendet werden.

Die Figuren werden in unterschiedlichen Techniken gefertigt, die aber viele gemeinsame Handgriffe aufweisen. Jede Bindetechnik wird hier zunächst an einem Beispiel vorgestellt. Einige Figuren entstehen in Kombination verschiedener Techniken.
Bei den einzelnen Arbeitsanleitungen verzichte ich bewusst auf detaillierte Größenangaben, damit Sie sich ungezwungener der schöpferischen Arbeit mit dem Naturmaterial widmen können. Die Größenangaben im Materialkasten beziehen sich auf die auf dem Foto abgebildeten Figuren und dienen Ihnen zur Orientierung.
Bevor ich Ihnen die einzelnen Bindetechniken vorstelle, hier noch ein paar allgemeine Tipps und Hinweise:

- Je größer die Figuren, umso stärker sollte der Wickeldraht sein.

- Große Figuren benötigen zur Stabilisierung ein Grundgerüst, z. B. aus Holz, Metall oder Kunststoff, welches mit Heu, Stroh oder Holzwolle umwickelt wird.

- Zu Beginn des Bindevorgangs wickeln Sie den Draht mehrmals an derselben Stelle um Heu, Stroh oder Holzwolle. Auf diese Weise wird das Drahtende fixiert.

- Wickeln Sie den Draht immer sehr fest um das Heu etc. So erhalten die Figuren die nötige Stabilität, um laufen, stehen oder auch sitzen zu können, und die Glieder lassen sich besser zurechtbiegen.

- Kontrollieren Sie während des Bindens öfter die Festigkeit des Drahts, indem Sie mit einem Finger in die bereits gewickelten Schlaufen fassen, daran ziehen und den Draht so weit wie möglich verdrillen.

- Sollte Ihnen der Draht während des Bindens ausgehen, verdrehen Sie einfach das Drahtende mit dem Anfang der neuen Rolle.

- Um der Figur Plastizität zu verleihen, ziehen Sie den Draht beim Wickeln unterschiedlich stark fest, flachen das Heu etc. bei Bedarf durch Andrücken ab und binden an den gewünschten Stellen loses Heu etc. büschelweise mit Draht an.

- Wenn Heu angebunden wird, um die Glieder bzw. Körperteile der Figur zu verlängern oder mit dem Rumpf zu verbinden, wird es an einem Ende einmal gefaltet und mit der glatten Kante angelegt.

- Den Draht während des gesamten Bindevorganges nicht durchtrennen, es sei denn, es wird ausdrücklich darauf hingewiesen.

- Nach Beendigung des Bindevorgangs durchtrennen Sie den Draht mit einer Kombizange (oder Drahtschere) und stecken das Drahtende in die Figur.

- Wenn Sie frisches Holz, z. B. für Schnäbel und Beine der Figuren, verwenden, sollten Sie nach einiger Zeit die Befestigung kontrollieren.

- Mischen Sie das Heu zusätzlich mit Duftkräutern, z. B. Minze, Melisse, Duftblattpelargonien, Thymian oder Salbei. Auf diese Weise erzielen Sie einen angenehmen Duft.

- Die „Lebenserwartung" der Figuren beträgt viele Jahre. Allerdings kann sich das Heu farblich verändern. Mit Klarlack besprüht, erhöht sich die „Lebensdauer" der Figuren im Freien. Sie trotzen dann auch einem Sommerregen, sollten aber in den kühleren Jahreszeiten vor der Witterung geschützt werden.

Weihnachtsmäuse

Größe: ca. 25 cm Länge
Material: Heu, Wickeldraht, Pimentkorn, Wackelaugen, gefärbte Kokosfasern, Watte
Werkzeug: Kleber, Kombizange, Schere

1

2

Bei der gliederformenden Bindetechnik werden die Glieder der Figur (Arme und Beine) sowie der Kopf- und Schwanzansatz aus dem Heu des Rumpfes geformt. Lediglich für Kopf und Schwanz wird in der Regel zusätzlich Heu angebunden. Achten Sie darauf, dass Sie den Draht beim Formen der Glieder ganz dicht und fest wickeln, damit die Figur die notwendige Stabilität erhält.
Für den Rumpf der Maus nehmen Sie eine Hand voll längeres Heu sowie eine Rolle mit Wickeldraht und halten das Drahtende mit dem Zeigefinger der Hand, die auch das Heu hält, mittig auf den Heupacken. Umwickeln Sie mehrmals diese Stelle, bis das Drahtende befestigt ist. Jetzt umwickeln Sie das Heu etwa 5 cm nach beiden Seiten spiralförmig und fest mit dem Draht (Abb. 1).
Für die zwei Hinterbeine und den Schwanzansatz teilen Sie eines der beiden losen Heuenden in drei Teile. Falten Sie einen Teil auf etwa 5 cm Länge und umwickeln Sie ihn, beim Mäuserumpf beginnend, in kleinen Windungen zum Fußende hin und wieder zurück mit dem Draht. Das Gleiche machen Sie mit dem zweiten Bein (Abb. 2).
Für den Schwanz nehmen Sie etwas längeres Heu, halten es überlagernd an den dritten Teil und verbinden beides durch festes Umwickeln mit Draht vom Schwanzansatz bis zur Spitze und wieder zurück (Abb. 3). Dann wickeln Sie den Draht in großen Windungen zum Vorderteil des Rumpfes zurück und teilen das lose Heuende für die zwei Vorderbeine und den Kopfansatz ebenfalls in drei Teile. Formen Sie die Vorderbeine, wie oben beschrieben, mit Draht. Bevor Sie im Folgenden den Kopf gestalten, bringen Sie die Maus durch Zurechtbiegen der Glieder in ihre Endposition.
Für den Mäusekopf nehmen Sie etwas Heu, falten ein Ende und

legen dieses auf das lose Heu des Kopfansatzes. Verbinden Sie den Kopf mit dem Rumpf, indem Sie die Überlagerungsstelle spiralförmig mit Draht umwickeln. Der gefaltete Teil muss dabei etwas überstehen, damit aus ihm die Ohren gestaltet werden können (Abb. 4).

Teilen Sie den gefalteten Bereich mittig durch Über-Kreuz-Wickeln des Drahts und formen Sie nacheinander beide Ohren, indem Sie das Heu jeweils durch Andrücken abflachen und mit Draht umwickeln (Abb. 5).

Formen Sie nun den Kopf durch spiralförmiges Umwickeln mit Draht. Da sich das Kopfende zur Nasenspitze hin verjüngt, wickeln Sie den Draht zur Spitze hin fester oder entfernen etwas Heu.

Sind Sie mit den Körperformen Ihrer Maus zufrieden, durchtrennen Sie den Draht mit einer Kombizange und stecken das Ende in die Figur. Bei Bedarf legen Sie am Rumpf zusätzlich Heu an und befestigen es durch spiralförmiges Umwickeln mit Draht. Schneiden Sie überstehendes Heu mit einer Schere ab und fixieren Sie die Pimentkorn-Nase und die Wackelaugen mit einer Klebepistole oder mit Alleskleber. Formen Sie aus den rot gefärbten Kokosfasern eine Mütze und kleben Sie sie auf den Kopf der Maus. Abschließend kleben Sie eine Wattekugel auf die Mütze.

Die Handgriffe sind für beide Mausfiguren im Prinzip identisch. Legen Sie bei der auf vier Beinen stehenden Maus lediglich den Kopf gerader an.

Elchtrophäe

Größe: ca. 30 cm Länge, 40 cm Höhe
Material: Heu, Wickeldraht, Kugelaugen, Zweige, Baumscheibe
Werkzeug: Kleber, Kombizange, Schere, Gartenschere, schwarzer Faserstift, Bohrer

Die Rundwickel-Bindetechnik wird bei kugelförmigen Figuren angewandt. Das Prinzip des Bindens ähnelt der gliederformenden Bindetechnik, da die Glieder bzw. Körperteile meistens aus dem Heu des Rumpfes geformt oder durch Anbinden von zusätzlichem Heu angelegt werden. Der Draht wird aber bei runden oder halbrunden Körperformen immer über Kreuz gewickelt, damit sich die Drahtschlaufen nicht lösen.

Für die Schnauze des Elchs umgreifen Sie mit einer Hand ein großes Büschel längeres Heu. Falten Sie, an einem Ende beginnend, in kleinen Schritten zwei Drittel des Heus zu einer Kugel. Nehmen Sie die Drahtrolle, halten Sie das Ende des Drahts mit dem Zeigefinger der Hand, die auch das Heu hält, fest und wickeln Sie den Draht mehrmals an derselben Stelle um den Übergangsbereich von Kugel und losem Heu. Die Kugel ist jetzt fixiert (Abb. 1).

Umwickeln Sie die Schnauze über Kreuz mit Draht und flachen Sie sie durch Andrücken des Heus etwas ab (Abb. 2).

Dann nehmen Sie eine weitere Hand voll Heu, falten ein Ende, legen dieses an das lose Ende der Schnauze und verbinden beides durch spiralförmiges Umwickeln mit Draht. Der Kopf sollte jetzt auf einer Länge von ca. 20 cm umwickelt sein (Abb. 3).

4

5

6

Für die Ohren nehmen Sie nacheinander jeweils etwas Heu, falten es mittig und befestigen das lose Ende am Hinterkopf, indem Sie die Überlagerungsstelle über Kreuz mit Draht umwickeln. Gestalten Sie die Ohren durch Über-Kreuz-Wickeln mit Draht und gleichzeitiges Abflachen des Heus weiter aus (Abb. 4).

Für den Nackenansatz falten Sie ein Bündel Heu, an einem Ende beginnend, vollständig zu einer Kugel. Dann legen Sie die Kugel hinter die Ohren auf den Hals und verbinden sie durch spiralförmiges und Über-Kreuz-Wickeln mit Draht fest mit Ohren, Stirn und Hals (Abb. 5).

Damit der Halsansatz eine feste und ebene Klebefläche erhält, umwickeln Sie diese mehrmals über Kreuz mit Draht (wobei Sie den Draht auch um Hinterkopf, Ohren und Stirn binden). Pressen Sie dabei die Klebefläche mehrmals auf eine ebene Unterlage (Abb. 6).

Durchtrennen sie den Draht mit einer Kombizange und stecken Sie das Drahtende in die Figur. Schneiden Sie das überstehende Heu mit einer Schere ab. Für die Wandbefestigung bohren Sie ein Loch in die Baumscheibe und kleben den Elchkopf mit dem Halsansatz auf.

Kleben Sie die Kugelaugen an und malen Sie die Pupillen mit einem schwarzen Faserstift. Für das Geweih spitzen Sie die unteren Enden der Zweige an, stecken die Zweige zwischen die Ohren und kleben sie zusätzlich fest.

Die Vogelnest-Schaukel

Größe: ca. 40 cm Höhe, Nest ca. 30 cm Durchmesser
Material: Heu, Wickeldraht, Holz für Schnabel und Beine, Kugelaugen, Gestrüpp, gelaugte, rot gefärbte Blätter, getrocknete Sonnenblume, Sisalkordel, Kupferdraht, Vogelstimme, kleiner Karton, Ranken von Kletterpflanzen (z. B. Knöterich, Clematis, Geißblatt, Efeu)
Werkzeug: Kleber, Kombizange, Schere, Gartenschere, Säge, Messer, schwarzer Faserstift

Bei der Mehrteil-Bindetechnik werden mehrere Glieder bzw. Körperteile der Figur separat gestaltet und erst dann mit dem Rumpf verbunden. Der Bindevorgang ist daher komplexer und der Draht muss öfter durchtrennt werden.
Schnitzen Sie mit dem Messer einen Schnabel. Für den Vogelkopf nehmen Sie eine Hand voll längeres Heu, legen den Schnabel mit dem stumpfen Ende mittig so darauf, dass er quer zum Heu liegt, und klemmen ihn durch Zusammenfalten des Heus ein. Halten Sie mit einer Hand Heu und Drahtende und umwickeln Sie mit der anderen fest den Bereich unterhalb des Schnabels. Schnabel und Draht sind fixiert. Dann umwickeln Sie den Kopf über Kreuz mit Draht. Wickeln Sie den Draht dabei auch mehrmals um Schnabelansatz und Hals (Abb. 1).
Wenn der Vogel eine Stimme bekommen soll, befestigen Sie diese zuerst mit Kleber in einem kleinen Karton und wickeln beides, wie nachfolgend beschrieben, in den Rumpf mit ein.
Für den Rumpf nehmen Sie eine große Hand voll längeres Heu, falten die Hälfte in kleinen Schritten und verbinden diesen Teil mit dem Halsansatz des Kopfteils, indem Sie den Draht mehrmals um den Überlagerungsbereich wickeln. Gestalten Sie den Körper, indem Sie ihn im Wechsel spiralförmig und über Kreuz mit Draht umwickeln. Wickeln Sie den Draht dabei auch wiederholt um Hals und Schulter. Binden Sie zusätzliches Heu an (Abb. 2).
Für die Flügel benötigen Sie jeweils eine Hand voll längeres Heu. Falten

Sie ein Ende eines Heupackens, sodass eine glatte Kante entsteht. Legen Sie diese mit etwa 3 cm Auflage im stumpfen Winkel an die Schulter des Vogelrumpfes und umwickeln Sie die Verbindungsfläche mehrmals über Kreuz mit Draht. Dann wickeln Sie den Draht im Wechsel um Flügelansatz, Rumpf und Hals. Falten Sie das Heu an der Flügelspitze auf die gewünschte Länge und formen Sie den Flügel, indem Sie ihn spiralförmig mit Draht umwickeln und das Heu gleichzeitig durch Andrücken abflachen. Achten Sie darauf, dass Sie den Draht beim Umwickeln abgeflachter Teile nicht zu stark anziehen, da sonst eine runde Form entsteht (Abb. 3). Gestalten Sie anschließend den zweiten Flügel wie beschrieben.

Durchtrennen Sie den Draht mit einer Kombizange und stecken Sie das Drahtende in die Figur. Überstehendes Heu schneiden Sie mit einer Schere ab.

Für die Beine schneiden Sie mit einer Gartenschere zwei etwa gleich starke Zweige oder Hölzer auf eine Länge von etwa 10 cm zu. Spitzen Sie die Holzstücke an und entfernen Sie gegebenenfalls die Rinde der Zweige.

Nehmen Sie ein wenig längeres Heu, legen Sie ein Holzstück mit der stumpfen Seite mittig so darauf, dass es quer zum Heu liegt, und falten Sie das Heu zusammen. Umwickeln Sie das Heu mit Draht, sodass das Holz fest dazwischen klemmt. Binden Sie den Draht mehrmals um das Fußgelenk und das Fußende. Dann wickeln Sie den Draht bei gleichzeitigem Abflachen des Heus etwa 5 cm Richtung Fußspitze (Abb. 4).

Teilen Sie das lockere Heu in drei Teile. Falten Sie aus einem Teil eine Zehe und umwickeln Sie sie – vom Spann zur Fußspitze und zurück – mit Draht. Formen Sie auf diese Weise die beiden anderen Zehen (Abb. 5).

Nun binden Sie den Draht mehrmals um das Fußgelenk, durchtrennen ihn und stecken das Drahtende in die Figur. Fertigen Sie das zweite Bein nach demselben Prinzip an. Überstehendes Heu schneiden Sie mit einer Schere ab.

Stecken Sie die spitzen Enden der Beine so in den Körper, dass der Vogel sitzt. Sind die Beine richtig ausgerichtet, fixieren Sie sie mit Kleber.

Für die Gestaltung der Oberschenkel befestigen Sie eine Rolle Draht am

Holz eines Beines. Nehmen Sie etwas Heu und falten Sie es zu einer kleinen Kugel. Halten Sie diese an den Übergangsbereich Bein/Körper und umwickeln Sie das Holz und das Heu fest spiralförmig mit Draht (Abb. 6).
Wiederholen Sie diesen Vorgang am anderen Bein, ohne vorher den Draht zu durchtrennen. Anschließend binden Sie mehrmals den Draht über Kreuz um den Körper und die Oberschenkel. Durchtrennen Sie den Draht und stecken Sie das Ende in die Figur.
Flechten Sie aus dem Gestrüpp einen kleinen Kranz. Fädeln Sie auf den Kupferdraht die gelaugten Blätter und wickeln Sie diese um den Kranz. Abschließend kleben Sie die Kugelaugen, den Kranz und die getrocknete Sonnenblume an. Mit einem schwarzen Faserstift malen Sie die Pupillen.
Flechten Sie aus den Ranken ein Nest und fixieren Sie es mit Draht (Abb. 7). Befestigen Sie die Kordel am Nest, sodass es gerade hängt. Setzen Sie den Vogel darauf und fixieren Sie die Flügel an den Kordelbändern mit Draht. Beim Schaukeln singt der Vogel.

Das Igelpaar

Größe:
ca. 20 cm Länge, 11 cm Durchmesser

Technik:
Rundwickel-Bindetechnik

Material:
Heu,
Wickeldraht,
Kupferdraht,
Pimentkörner,
Wackelaugen,
Moos,
getrocknete Lavendelblüten

Werkzeug:
Kleber,
Schere,
Kombizange,
Tapetenleim

Umgreifen Sie mit einer Hand ein großes Büschel längeres Heu. Falten Sie, an einem Ende beginnend, in kleinen Schritten zwei Drittel des Heus zu einer Kugel. Nehmen Sie die Drahtrolle, halten Sie das Ende des Drahts mit dem Zeigefinger der Hand, die auch das Heu hält, fest und wickeln Sie den Draht mehrmals an derselben Stelle um den Übergangsbereich von Kugel und losem Heu. Die Kugel ist jetzt fixiert. Umwickeln Sie den runden Körper über Kreuz mit Draht und flachen Sie ihn dabei durch Andrücken des Heus etwas ab.

Den Kopf formen Sie, indem Sie das lose Heuende spiralförmig mit Draht umwickeln. Achten Sie darauf, dass sich das Kopfende zur Nasenspitze hin verjüngt. Dazu wickeln Sie den Draht zur Spitze hin fester und entfernen etwas Heu. Schneiden Sie das an der Nasenspitze überstehende Heu mit einer Schere ab. Sie können das Heuende aber auch falten und mit Draht umwickeln. Sollte Ihnen der Igel zu dünn erscheinen, legen Sie zusätzliches Heu büschelweise an und verbinden es durch Über-Kreuz-Wickeln des Drahts mit dem Körper. Hat der Igel seine „Traumfigur" erreicht, durchtrennen Sie den Draht mit einer Kombizange und stecken das Drahtende in den Körper. Anschließend wird der Igel „frisiert", indem Sie überstehendes Heu mit einer Schere abschneiden. Kleben Sie Wackelaugen und Pimentkorn-Nase an.

Für das Stachelkleid des einen Igels umwickeln Sie den Körper mit Moos und Kupferdraht.

Für die Stacheln des anderen Igels bestreichen Sie den Körper mit Tapetenleim und wälzen ihn in getrockneten Lavendelblüten.

Das bunte Vogelnest

Größe: ca. 25 cm Höhe, Nest ca. 20 cm Durchmesser, Holzklotz ca. 20 cm Höhe und 15 cm Breite
Technik: Mehrteil-Bindetechnik
Material: Heu, Wickeldraht, Holz für Schnabel, Wackelaugen, Sisalkordel, Holzklotz, Gestrüpp, braun gefärbte Kokosfaser, Eierschalen, Blumenerde, Katzengrassamen
Werkzeug: Kleber, Kombizange, Schere, Gartenschere, Säge, Messer, violette Sprayfarbe

Schnitzen Sie einen Schnabel. Für den Vogelkopf nehmen Sie eine Hand voll längeres Heu, legen den Schnabel quer zum Heu und klemmen ihn durch Zusammenfalten des Heus ein. Halten Sie mit einer Hand Heu und Drahtende und umwickeln Sie mit der anderen fest den Bereich unterhalb des Schnabels. Dann umwickeln Sie den Kopf über Kreuz mit Draht. Wickeln Sie den Draht dabei auch mehrmals um Schnabelansatz und Hals.
Für den Rumpf nehmen Sie eine große Hand voll längeres Heu, falten die Hälfte in kleinen Schritten und verbinden diesen Teil mit dem Halsansatz des Kopfteils, indem Sie den Draht mehrmals um den Überlagerungsbereich wickeln. Gestalten Sie den Körper, indem Sie ihn im Wechsel spiralförmig und über Kreuz mit Draht umwickeln. Wickeln Sie den Draht dabei auch wiederholt um Hals und Schulter. Binden Sie zusätzliches Heu an.
Für den Haarschopf nehmen Sie etwas längeres Heu, legen es mittig von unten um den Kopf und klemmen ihn durch Zusammenfalten des Heus ein. Umwickeln Sie die Verbindungsstelle mehrmals mit Draht.
Für die Flügel benötigen Sie jeweils eine Hand voll längeres Heu. Falten Sie ein Ende eines Heupackens, sodass eine glatte Kante entsteht. Legen Sie diese mit etwa 3 cm Auflage im spitzen Winkel an die Schulter des Vogelrumpfes und umwickeln Sie die Verbindungsfläche mehrmals über Kreuz mit Draht.
Dann wickeln Sie den Draht im Wechsel um Flügelansatz, Rumpf und Hals. Falten Sie das Heu an der Flügelspitze auf die gewünschte Länge und formen Sie den Flügel, indem Sie ihn spiralförmig mit Draht umwickeln und das Heu gleichzeitig durch Andrücken abflachen. Achten Sie darauf, dass Sie den Draht nicht zu stark anziehen, da sonst eine runde Form entsteht. Gestalten Sie den zweiten Flügel entsprechend.
Durchtrennen Sie den Draht mit einer Kombizange und stecken Sie das Drahtende in die Figur. Überstehendes Heu schneiden Sie ab.
Für die Beine schneiden Sie zwei etwa gleich lange Kordelbänder zu. Nehmen Sie ein wenig längeres Heu und falten Sie es mittig. Umwickeln Sie das Heu mit Draht, indem Sie an der gefalteten Stelle beginnen und bei gleichzeitigem Abflachen des Heus etwa 5 cm Richtung Fußspitze wickeln. Teilen Sie das lockere Heu in drei Teile. Falten Sie aus einem Teil eine Zehe und umwickeln Sie sie – vom Spann zur Fußspitze und zurück – mit Draht. Formen Sie auf diese Weise die beiden anderen Zehen. Danach durchtrennen Sie den Draht und stecken das Drahtende in die Figur. Fertigen Sie das zweite Bein nach demselben Prinzip an. Überstehendes Heu schneiden Sie mit einer Schere ab.
Formen Sie aus dem Draht an den Fußgelenken und den Beinansätzen des Rumpfes jeweils eine kleine Schlaufe. Befestigen Sie daran die Sisalkordeln, sodass die Füße mit dem Rumpf verbunden sind. Färben Sie den Haaransatz und die Füße mit Spray. Anschließend kleben Sie die Wackelaugen an.
Flechten Sie aus den Ranken ein Nest und fixieren Sie es mit Kleber auf dem Holzklotz. Legen Sie die Kokosfasern hinein. Befestigen Sie den Vogel mit Kleber so am Nest, dass seine Beine herunterhängen und Platz für die Eier bleibt.
Teilen Sie zwei Hühnereier, entfernen Sie den Inhalt und waschen Sie die Eierschalen mit warmem Wasser aus. Füllen Sie sie mit Blumenerde auf und säen Sie das Katzengras darauf aus. Gießen Sie die Aussaat an, stellen Sie sie warm und halten Sie sie gleichmäßig feucht. Nach ca. 1 Woche sind die Eier begrünt. Jetzt werden sie auf dem Nest platziert.

Meister Lampe

Größe:	Material:	Werkzeug:
ca. 50 cm Höhe **Technik:** Gliederformende Bindetechnik	Heu, Wickeldraht, Plastiknase, Glasaugen, Bast, Schleife, Korb, Blumenerde, Katzengrassamen (oder Kressesamen)	Kleber, Kombizange, Schere

Für den Rumpf von Meister Lampe nehmen Sie eine Hand voll Heu und umwickeln es im mittleren Bereich auf ca. 15 cm Länge spiralförmig.
Für die beiden Hinterbeine und den Schwanz teilen Sie eines der beiden losen Heuenden in drei Teile. Für den Schwanz falten Sie den mittleren Teil auf etwa 5 cm Länge und umwickeln ihn, vom Rumpf beginnend, in kleinen Windungen zum Schwanzende hin und wieder zurück mit dem Draht.
Für die Beine nehmen Sie jeweils etwas längeres Heu, halten es überlagernd an den Beinansatz und verbinden beides durch festes Umwickeln mit Draht. Umwickeln Sie das Bein, vom Rumpf beginnend, in kleinen Windungen zum Fußende hin und wieder zurück mit Draht. Das Gleiche machen Sie mit dem zweiten Bein.
Dann wickeln Sie den Draht in großen Windungen zum Vorderteil des Rumpfes zurück und teilen das lose Heuende für den Ansatz der zwei Vorderbeine und des Kopfes ebenfalls in drei Teile. Formen Sie die zwei Vorderbeine, wie oben beschrieben, mit Draht. Bevor Sie im Folgenden den Kopf gestalten, bringen Sie Meister Lampe durch Zurechtbiegen der Glieder in seine Endposition.
Für den Hasenkopf falten Sie eine Hand voll Heu in kleinen Schritten, bis eine Eiform entsteht, und verbinden diese mit dem Kopfansatz, indem Sie die Überlagerungsstelle mehrmals mit Draht umwickeln.
Dann wickeln Sie den Draht im Wechsel spiralförmig und über Kreuz, wobei Sie ihn unterschiedlich stark festziehen, und gestalten die Schnauze.
Anschließend nehmen Sie für die Ohren jeweils ein Bündel längeres Heu, falten es mittig und befestigen die beiden Heuenden am Kopf, indem Sie die Überlagerungsstelle über Kreuz mit Draht umwickeln.
Gestalten Sie die Ohren durch spiralförmiges Umwickeln mit Draht und gleichzeitiges Abflachen des Heus weiter aus.
Sind Sie mit den Körperformen Ihres Hasens zufrieden, durchtrennen Sie den Draht mit einer Kombizange und stecken das Ende in die Figur. Bei Bedarf legen Sie am Rumpf zusätzlich Heu an und befestigen es durch spiralförmiges Umwickeln mit Draht. Schneiden Sie überstehendes Heu mit einer Schere ab und fixieren Sie Plastiknase, Bastbart, Glasaugen und eine Schleife mit Kleber.
Füllen Sie den Korb, der mit Folie ausgekleidet ist, mit Blumenerde auf und säen das Katzengras darauf aus. Gießen Sie die Aussaat an, stellen Sie sie warm und halten Sie sie gleichmäßig feucht. Nach ca. einer Woche können Sie Ihrem Hasen den grünen Korb in die Arme geben.

Windspiel „Alle Vöglein sind schon da“

Größe: Holzkreuz ca. 30 x 30 cm, Vögel ca. 15 cm Länge, 15 cm Breite

Technik: Mehrteil-Bindetechnik

Material: Heu, Wickeldraht, Kugelaugen, Federn, Holz (für Schnäbel, Beine und Holzkreuz), dünne Schnur, Schraubhaken

Werkzeug: Kleber, Kombizange, Schere, Gartenschere, Messer, Säge, Bohrer, kleiner Schraubenzieher, schwarzer Faserstift

1

Abb. 1: Schnitzen Sie einen langen, dünnen Schnabel. Nehmen Sie eine Hand voll längeres Heu und legen Sie den Schnabel mit dem stumpfen Ende mittig so darauf, dass er quer zum Heu liegt. Klemmen Sie den Schnabel fest, indem Sie das Heu zusammenfalten und unterhalb des Schnabels mit Heu umwickeln. Anschließend binden Sie den Draht mehrmals um Kopf und Schnabelansatz (siehe Mehrteil-Bindetechnik). Für den Rumpf nehmen Sie etwas Heu, falten ein Ende und verbinden diesen Teil mit dem Kopfansatz, indem Sie die Überlagerungsstelle mehrmals mit Draht umwickeln. Dann wickeln Sie den Draht spiralförmig um den Körper.
Für die beiden Flügel benötigen Sie jeweils eine Hand voll längeres Heu. Falten Sie ein Ende eines Heubündels und verbinden Sie seine glatte Kante mit dem Vogelrumpf, indem Sie den Draht mehrmals an derselben Stelle um den Überlagerungsbereich wickeln (siehe Mehrteil-Bindetechnik). Formen Sie durch spiralförmiges Umwickeln mit Draht und Abflachen des Heus den Flügel. Diesen Vorgang wiederholen Sie für

2

den zweiten Flügel. Durchtrennen Sie den Draht mit einer Kombizange und schneiden Sie überstehendes Heu mit einer Schere ab.
Stechen Sie mit einem kleinen Schraubenzieher Löcher in die Flügel und den Schwanzbereich und fixieren Sie die Federn mit Kleber. Kleben Sie die Kugelaugen an und zeichnen Sie mit einem schwarzen Faserstift die Pupillen. Um den Vogel am Holzkreuz zu befestigen, fädeln Sie eine Schnur durch den Draht im Halsbereich.
Abb. 2: Gestalten Sie auf dieselbe Weise den zweiten Vogel. Formen Sie den Körper durch Anbinden von zusätzlichem Heu stärker aus. Variieren Sie die Stellung der Flügel und bringen Sie gelbe Federn an.
Abb. 3: Schnitzen Sie einen kurzen, dicken Schnabel. Der weitere Gestaltungsprozess unterscheidet sich von dem der beschriebenen Vögel darin, dass Sie den Vogelrumpf und die Flügel durch Anbinden von zusätzlichem Heu verbreitern. Variieren Sie auch die Flügelstellung und die Federfarbe.
Abb. 4: Schnitzen Sie einen kurzen Schnabel. Gestalten Sie den Kopf wie oben beschrieben. Für den Rumpf nehmen Sie ein Bündel Heu, falten es in kleinen Schritten zu einer Kugel und verbinden diese mit dem Kopfansatz, indem Sie die Überlagerungsstelle mehrmals mit Draht umwickeln. Dann wickeln Sie den Draht abwechselnd spiralförmig und über Kreuz um Körper und Hals. Gestalten Sie den Körper durch

Anbinden von zusätzlichem Heu weiter aus.
Der weitere Gestaltungsprozess unterscheidet sich von dem der beschriebenen Vögel darin, dass Sie keine Flügel sondern Beine formen. Dafür schneiden Sie mit einer Gartenschere zwei Zweige oder Hölzer auf eine Länge von etwa 10 cm zu und spitzen jeweils ein Ende an.
Gestalten Sie aus den Holzstäben sowie aus Heu und Draht Beine und Füße (siehe Mehrteil-Bindetechnik). Die spitzen Enden der Beine werden seitlich in den Körper gesteckt. Kleben Sie Beine, Augen und Federn an.
Für das Holzkreuz sägen Sie zwei Holzstücke von ca. 30 cm Länge. Bohren Sie in beiden Teilen mittig ein kleines Loch und verbinden Sie die Holzstücke mit einem Schraubhaken. Befestigen Sie daran eine Schnur und hängen Sie das Holzkreuz auf. Befestigen Sie die einzelnen Vögel mit ihren Schnüren an den äußersten Enden des Holzkreuzes, sodass die Vögel unbehindert fliegen können. Achten Sie darauf, dass sich gleich schwere Vögel gegenüber hängen.

Hahn

Größe: ca. 40 cm Höhe
Technik: Mehrteil-Bindetechnik
Material: Heu, Wickeldraht, Kupferdraht, Wackelaugen, Holz, rote Kokosfasern, Federn
Werkzeug: Kleber, Kombizange, Schere, Messer, Gartenschere, Säge, kleiner Schraubenzieher

Schnitzen Sie einen Schnabel. Nehmen Sie eine Hand voll längeres Heu und legen Sie den Schnabel quer zum Heu. Falten Sie das Heu zusammen und umwickeln Sie den Bereich unterhalb des Schnabels mehrmals mit Draht. Anschließend wickeln Sie den Draht mehrmals um Kopf, Schnabelansatz und Hals. Für den Rumpf nehmen Sie ein Bündel Heu, falten die Hälfte in kleinen Schritten und verbinden diesen Teil mit dem Kopfansatz, indem Sie den Überlagerungsbereich mehrmals mit Draht umwickeln. Dann wickeln Sie den Draht abwechselnd spiralförmig und über Kreuz um den Körper und den Hals. Gestalten Sie den Vogelkörper durch Anbinden von losem Heu weiter aus.
Für die beiden Flügel benötigen Sie jeweils eine Hand voll längeres Heu. Falten Sie ein Ende eines Heubündels und verbinden Sie seine glatte Kante mit dem Vogelrumpf, indem Sie den Draht mehrmals um den Überlagerungsbereich wickeln. Formen Sie durch spiralförmiges Umwickeln mit Draht und Abflachen des Heus den Flügel. Diesen Vorgang wiederholen Sie für den zweiten Flügel.
Schneiden Sie mit einer Gartenschere zwei Zweige auf eine Länge von etwa 12 cm zu und spitzen Sie jeweils ein Ende mit einem Messer an. Gestalten Sie aus dem Holz, Heu und Draht Beine und Füße. Die spitzen Enden der Beine werden so in den Körper gesteckt, dass die Figur steht. Danach fixieren Sie die Beine mit Kleber. Für die Oberschenkel befestigen Sie eine Rolle Draht am Holz eines Beines. Nehmen Sie etwas Heu und falten Sie es zu einer kleinen Kugel. Halten Sie diese an den Übergangsbereich Bein/Körper und umwickeln Sie das Holz und das Heu fest spiralförmig mit Draht. Wiederholen Sie diesen Vorgang am anderen Bein, ohne vorher den Draht zu durchtrennen. Anschließend binden Sie mehrmals den Draht über Kreuz um den Körper und die Oberschenkel. Durchtrennen Sie den Draht und stecken Sie das Ende in die Figur. Stechen Sie mit dem Schraubenzieher Löcher in den Schwanzbereich und fixieren Sie die Federn. Kleben Sie die Wackelaugen an. Für den Kopfschmuck des Hahns nehmen Sie rot gefärbte Kokosfasern und formen sie zylinderförmig auf eine Länge von etwa 10 cm. Umwickeln Sie sie spiralförmig mit Kupferdraht und gestalten Sie den Hahnenkamm. Wiederholen Sie diesen Vorgang. Dabei formen Sie die Kokosfasern aber nur auf etwa 6 cm Länge. Kleben Sie das größere Teil auf den Scheitel und das kleinere unter den Schnabel.

Henne

Größe: ca. 35 cm Höhe
Technik: Mehrteil-Bindetechnik
Material: Heu, Wickeldraht, Kupferdraht, Wackelaugen, Holz für Schnabel und Beine, rot gefärbte Kokosfasern, Federn
Werkzeug: Kleber, Kombizange, Schere, Messer, Gartenschere, Säge, kleiner Schraubenzieher

Gestalten Sie auf dieselbe Weise die Henne. Verwenden Sie einen kleineren Schnabel. Formen Sie den Körper durch Anbinden von zusätzlichem Heu weiter aus. Variieren Sie die Stellung der Flügel und der Beine. Gestalten Sie den Kopfschmuck etwas kleiner. Benutzen Sie kürzere Federn.

Küken

Größe: ca. 15 cm Höhe
Technik: Mehrteil-Bindetechnik
Material: Heu, Wickeldraht, Wackelaugen, Holz für Schnabel und Beine, gelbe Federn
Werkzeug: Kleber, Kombizange, Schere, Messer, Gartenschere, kleiner Schraubenzieher

Schnitzen Sie einen kleinen Schnabel. Nehmen Sie eine Hand voll längeres Heu und legen Sie den Schnabel mit dem stumpfen Ende mittig so darauf, dass er quer zum Heu liegt. Falten Sie das Heu zusammen und umwickeln Sie den Bereich unterhalb des Schnabels mehrmals mit Draht (siehe Mehrteil-Bindetechnik). Anschließend wickeln Sie den Draht mehrmals um Kopf, Schnabelansatz und Hals.
Für den Rumpf nehmen Sie etwas Heu, falten es in kleinen Schritten zu einer Kugel und verbinden diese mit dem Kopfansatz, indem Sie den Draht abwechselnd spiralförmig und über Kreuz um Körper, Hals und Kopf wickeln. Durchtrennen Sie den Draht mit einer Kombizange und schneiden Sie das überstehende Heu ab.

Schneiden Sie mit einer Gartenschere zwei Zweige oder Hölzer auf eine Länge von etwa 6 cm zu und spitzen Sie jeweils ein Ende mit einem Messer an. Gestalten Sie aus dem Holz, Heu und Draht Beine und Füße. Die spitzen Enden der Beine werden so in den Körper gesteckt, dass die Figur steht. Danach fixieren Sie die Beine mit Kleber. Stechen Sie mit einem kleinen Schraubenzieher Löcher in den Rumpf und fixieren Sie die Federn mit Kleber. Kleben Sie die Wackelaugen an.
Gestalten Sie auf dieselbe Weise die zwei anderen Küken. Variieren Sie die Stellung der Beine.

Ente mit Blumentopf

Größe:
ca. 45 cm Länge

Technik:
Mehrteil-Bindetechnik

Material:
Heu, Wickeldraht, Wackelaugen, Holz für Schnabel, weiße Federn, rote wasserlösliche Farbe, Blumenübertopf mit 14 cm Durchmesser, Pflanze

Werkzeug:
Kleber, Kombizange, Schere, Messer, Gartenschere, Säge, kleiner Schraubenzieher, Schwamm

Schnitzen Sie einen flachen Schnabel. Nehmen Sie eine Hand voll längeres Heu und legen Sie den Schnabel mit dem stumpfen Ende mittig so darauf, dass er quer zum Heu liegt. Klemmen Sie den Schnabel fest, indem Sie das Heu zusammenfalten und den Bereich unterhalb des Schnabels mehrmals mit Draht umwickeln (siehe Mehrteil-Bindetechnik). Anschließend wickeln Sie den Draht mehrmals um Kopf, Schnabelansatz und Hals.
Für den Rumpf nehmen Sie ein Bündel längeres Heu, falten ein Ende und verbinden diesen Teil mit dem Kopfansatz, indem Sie den Bereich auf einer Länge von ca. 10 cm spiralförmig mit Draht umwickeln.
Das lose Rumpfende teilen Sie in zwei Hälften. Nehmen Sie ein Bündel längeres Heu, falten Sie ein Ende und verbinden Sie diesen Teil mithilfe von Draht mit einer Hälfte des losen Rumpfendes. Durch spiralförmiges Umwickeln mit Draht und gleichzeitiges Abflachen des Heus formen Sie einen Flügel. Diesen Vorgang wiederholen Sie für den zweiten Flügel.
Stellen Sie den Blumenübertopf zwischen beide Flügel. Klemmen Sie den Topf fest, indem Sie die Flügelenden mit Draht umwickeln und miteinander verbinden. Bei Bedarf verlängern Sie die Flügel durch Anbinden von zusätzlichem Heu.
Durchtrennen Sie den Draht mit einer Kombizange und schneiden Sie das überstehende Heu mit einer Schere ab. Färben Sie den Schnabel mit einer wasserlöslichen Farbe und einem Schwamm rot ein. Stechen Sie mit einem kleinen Schraubenzieher Löcher in die Flügel und den Schwanzbereich und fixieren Sie die Federn mit Kleber. Kleben Sie die Wackelaugen an.
Schmücken Sie die Ente nach Belieben mit einer Pflanze oder einem Blumenstrauß.

Schmetterlinge

Größe:	Material:	Werkzeug:
ca. 25 cm Länge **Technik:** Mehrteil-Bindetechnik	Heu, Wickeldraht, Wackelaugen, Golddraht, Flowerhair, Schachtelhalm, Blütenblätter, dünne Zweige (für die Fühler), Bast	Kleber, Kombizange, Schere, Gartenschere

Für den Kopf nehmen Sie eine Hand voll längeres Heu, falten etwa ein Drittel davon, an einem Ende beginnend, in kleinen Schritten zu einer Kugel und umwickeln den Übergangsbereich zum losen Heu mehrmals an derselben Stelle mit Draht, um die Kugel zu fixieren. Anschließend wird die Kugel über Kreuz mit Draht umwickelt.

Nehmen Sie eine weitere Hand voll Heu, falten Sie ein Ende, legen Sie die glatte Kante auf das lose Heu des Kopfansatzes und verbinden Sie die beiden Teile, indem Sie sie spiralförmig mit Draht umwickeln. Formen Sie dann den Brustbereich und daran angrenzend den Hinterleib durch spiralförmiges Umwickeln mit Draht. Das Verhältnis von Kopf : Brustbereich : Hinterleib beträgt in etwa 1 : 1 : 3. Ein Tierbuch kann als Vorlage sehr hilfreich sein.

Für die schmalen Übergangsbereiche von Kopf und Brust bzw. Brust und Hinterleib ziehen Sie den Draht stärker fest. Durchtrennen Sie ihn mit einer Kombizange und schneiden Sie das überstehende Heu mit einer Schere ab.

Für die Flügel nehmen Sie zwei Schachtelhalmstiele von ca. 35 cm Länge und knicken sie zweimal, sodass jeweils der mittlere Teil etwa doppelt so lang ist wie die äußeren Teile. Verbinden Sie die Enden mit Draht. Legen Sie das Flowerhair auf das Dreieck und umwickeln Sie es vorsichtig über die gesamte Fläche mit Golddraht. Ist das Flowerhair fixiert, durchtrennen Sie den Draht mit einer Schere und verdrillen das Drahtende. Stechen Sie mit einer Schere zwei Löcher seitlich in den Brustbereich, stecken Sie die Flügel hinein und kleben Sie sie an.

Kleben Sie anschließend die Wackelaugen und zwei dünne Zweigstücke für die Fühler an. Um den Schmetterling an der Decke zu befestigen, fädeln Sie ein Stück Bast durch den Draht im Brustbereich. Je nachdem, wo Sie die Schnur platzieren, verändern Sie die Flugrichtung des Schmetterlings.

Gestalten Sie auf dieselbe Weise den zweiten Schmetterling. Im Unterschied zum ersten Schmetterling binden Sie hier lediglich Blütenblätter in die Flügel mit ein.

Blütenherzen

Größe:	Material:	Werkzeug:
ca. 10–15 cm **Technik:** Rundwickel-Bindetechnik	Holzwolle, Wickeldraht, Kupferdraht, weiß gefärbte Kokosfaser, Rosenblätter, Efeublätter, Blüten von Anemonen und Milchsternen	Kleber, Kombizange, Schere

Nehmen Sie eine Hand voll Holzwolle und formen Sie sie zu einer Kugel. Nehmen Sie eine Rolle mit Wickeldraht und halten Sie das Drahtende mit dem Zeigefinger der Hand, die auch die Holzwolle hält, mittig auf die Holzwollekugel. Umwickeln Sie diese Stelle mehrmals fest, bis das Drahtende befestigt ist. Formen Sie durch Über-Kreuz-Wickeln des Drahts bei gleichzeitigem Abflachen der Holzwolle das Herz. Durchtrennen Sie mit einer Kombizange den Draht und stecken Sie das Drahtende in das Herz. Entfernen Sie mit einer Schere die überstehende Holzwolle.

Legen Sie nacheinander überlagernd die Rosenblütenblätter (oder Efeublätter) auf das Herz und befestigen Sie sie durch Umwickeln mit Kupferdraht. Beenden Sie den Vorgang, wenn das Herz vollständig (bzw. nur auf der Vorderseite, wenn Sie es an der Wand befestigen) von Blütenblättern umgeben ist. Durchtrennen Sie den Draht und fixieren Sie ihn mit Kleber.

Gestalten Sie auf dieselbe Weise die anderen Herzen. Umwickeln Sie jedoch die Holzwolleherzen vor der Gestaltung mit den Blüten mit weißer Kokosfaser und Kupferdraht. Die Anemonen- bzw. Milchsternblüten legen Sie nicht überlagernd nebeneinander.

Storch „Grünschnabel"

Größe:	Material:	Werkzeug:
ca. 130 cm Höhe **Technik:** Mehrteil-Bindetechnik	Heu, Wickeldraht, Kugelaugen, Holz (für den Schnabel ca. 30 cm, für den Hals ca. 65 cm, für die Beine jeweils ca. 65 cm), Federn, Kirschlorbeerlaub, Artischocke, Tillandsien, grüne wasserlösliche Farbe, Holzbrett, weiße und dunkelgrüne Acrylfarbe	Kleber, Kombizange, Schere, Messer, Gartenschere, Säge, kleiner Schraubenzieher, Schwamm, Pinsel, Hammer, Nägel

Sägen Sie einen Ast von ca. 6 cm Durchmesser auf einer Länge von ca. 30 cm schräg (etwa 45 Grad) durch. Schnitzen Sie daraus einen Schnabel. Für den Hals sägen Sie eine Leiste von ca. 65 cm. Nageln Sie sie an der schrägen Schnittstelle des Schnabels fest.

Nehmen Sie eine Hand voll längeres Heu und legen Sie es mittig auf die Verbindungsstelle Schnabel/Hals. Falten Sie die Heuenden am Halsansatz zusammen und umwickeln Sie diesen Bereich mehrmals mit Draht. Dann wickeln Sie den Draht abwechselnd spiralförmig und über Kreuz um Kopf, Schnabelansatz und Hals. Durch Anbinden von losem Heu formen Sie den Kopf. Verlängern Sie den Hals, indem Sie ein Bündel längeres Heu an einem Ende falten, die glatte Kante über das lose Heuende des Halses legen und das Heu spiralförmig mit Draht umwickeln. Wiederholen Sie den Vorgang, bis Sie die gesamte Holzleiste umwickelt haben. Für den Rumpf nehmen Sie ein neues Bündel Heu, falten die Hälfte in kleinen Schritten und verbinden dieses mit dem Hals, indem Sie die Überlagerungsstelle mehrmals mit Draht umwickeln. Anschließend gestalten Sie den Körper, indem Sie ihn abwechselnd spiralförmig und über Kreuz mit Draht umwickeln und zusätzliches Heu anbinden. Durchtrennen Sie den Draht mit einer Kombizange und schneiden Sie überstehendes Heu mit einer Schere ab.

Sägen Sie jetzt zwei Äste auf eine Länge von etwa 65 cm zu, entrinden Sie sie und spitzen Sie jeweils ein Ende mit einem Messer an. Gestalten Sie aus dem Holz sowie aus Heu und Draht Beine und Füße (siehe Mehrteil-Bindetechnik). Die spitzen Enden der Beine werden so in den Körper gesteckt, dass der Storch steht. Anschließend fixieren Sie die Beine mit Kleber.

Färben Sie mit einer wasserlöslichen Farbe und einem Schwamm den Schnabel und die Beine grün. Stechen Sie mit einem kleinen Schraubenzieher Löcher in den Kopfbereich und fixieren Sie die Federn mit Kleber. Kleben Sie die Kugelaugen an und malen Sie mit einem schwarzen Faserstift die Pupillen. Aus dem Kirschlorbeer wird ein Kranz geflochten und zusammen mit der Artischocke und den Tillandsien auf den Kopf geklebt. Formen Sie aus Draht eine Brille und fixieren Sie sie mit Kleber.

Gestalten Sie das „Welcome"-Schild aus einem Holzbrett und dunkelgrüner und weißer Acrylfarbe. Bohren Sie in der oberen linken und rechten Ecke des Schilds sowie im Schnabel jeweils ein kleines Loch. Zur Befestigung fädeln Sie ein Stück Draht oder eine Schnur durch die Löcher von Schild und Schnabel und verknoten die Enden.

WELCOME

Sommermöbel

Größe:	Material:	Werkzeug:
richtet sich nach der Größe von Tisch und Stuhl, die Sie umwickeln	Stuhl, Tisch, Stroh, Heu, Wickeldraht, Kresse- und Katzengrassamen	Kombizange, Schere

Tisch

Der Tisch wird zunächst an den Beinen von unten nach oben verpackt. Halten Sie eine Hand voll Stroh (oder Heu) an ein Fußende. Nehmen Sie eine Rolle mit Wickeldraht und halten Sie das Drahtende mit dem Zeigefinger der Hand, die auch das Stroh hält, auf den Strohpacken. Umwickeln Sie mehrmals diese Stelle, bis das Drahtende befestigt ist. Jetzt umwickeln Sie das Stroh und das Tischbein von unten nach oben spiralförmig und fest mit dem Draht. Legen Sie weiteres Stroh an, indem Sie die Überlagerungsstelle fest mit Draht umwickeln. Wiederholen Sie diesen Vorgang, bis das Tischbein vollständig von Stroh umgeben ist. Jetzt führen Sie den Draht vom oberen Ende des ersten Tischbeins dicht unterhalb der Tischplatte zum zweiten Bein und wiederholen den oben beschriebenen Vorgang in umgekehrter Richtung von oben nach unten. Wickeln Sie dann den Draht spiralförmig wieder nach oben. Sollte Ihnen der Draht während des Bindens ausgehen, verdrehen Sie einfach das Drahtende mit dem Anfang der neuen Rolle. Wiederholen Sie den Vorgang wie beschrieben für die weiteren Beine. Legen Sie mehrere Strohbündel (oder Heubündel) auf die Tischplatte. Lassen Sie das Stroh am Tischrand etwas überstehen und knicken Sie es beim Umwickeln mit Draht um. Fixieren Sie das Stroh durch spiralförmiges Umwickeln der Tischplatte mit Draht. Haben Sie die Tischplatte vollständig mit Stroh verpackt, umwickeln Sie sie noch einmal in Querrichtung. Wickeln Sie dabei den Draht auch wiederholt um den oberen Bereich der Tischbeine. Abschließend durchtrennen Sie den Draht mit einer Kombizange, verdrehen das Drahtende mit dem Draht unterhalb der Tischplatte und schneiden das überstehende Stroh mit einer Schere ab.

Stuhl

Die Handgriffe beim Verpacken von Tisch und Stuhl sind im Prinzip identisch. Verpacken Sie den Stuhl in der Reihenfolge: Beine, Sitzfläche, Lehne. Wollen Sie die Sitzfläche begrünen, dann streuen Sie auf den verpackten Stuhl Kresse- und Katzengrassamen und umwickeln Sie diesen Bereich nochmals mit Stroh oder Heu. Gießen Sie die Aussaat an, stellen Sie sie warm und halten Sie sie gleichmäßig feucht. Nach ca. einer Woche ist die Fläche begrünt.

Freche Früchtchen

Größe:
ca. 20 cm Höhe

Technik:
Rundwickel-Bindetechnik

Material:
Heu, Wickeldraht, Kupferdraht, Ast mit ca. 3 cm Durchmesser, kleine Zweige, braun und rot gefärbte Kokosfasern, gelbe, rote und grüne Sprayfarbe (alternativ wasserlösliche Farbe)

Werkzeug:
Kleber, Kombizange, Schere, Gartenschere, Säge, schwarzer Faserstift

Apfel

Umgreifen Sie mit einer Hand ein großes Büschel längeres Heu, falten Sie es, an einem Ende beginnend, in kleinen Schritten zu einer Kugel. Nehmen Sie die Drahtrolle, halten Sie das Ende des Drahts mit dem Zeigefinger der Hand, die auch das Heu hält, und wickeln Sie den Draht mehrmals an derselben Stelle um die Heukugel. Formen Sie aus der Kugel den Apfel, indem Sie sie gleichzeitig abflachen und den Draht über Kreuz wickeln. Binden Sie bei Bedarf zusätzliches Heu an. Durchtrennen Sie den Draht mit einer Kombizange und schneiden Sie überstehendes Heu mit einer Schere ab.
Gestalten Sie den Apfel mit gelber und roter Farbe. Für den Stiel schneiden Sie mit einer Gartenschere einen kleinen Zweig zu. Sägen Sie von dem Ast zwei 0,5 cm dicke Holzscheiben für die Augen. Formen Sie aus rot gefärbten Kokosfasern und Kupferdraht eine Nase. Kleben Sie anschließend den Apfelstiel, die Holzaugen und die Nase an. Malen Sie mit dem schwarzen Faserstift die Pupillen.

Birne

Gestalten Sie auf dieselbe Weise die Birne. Formen Sie lediglich den Körper durch Anbinden von zusätzlichem Heu weiter aus. Variieren Sie die Farbe der Birne. Kleben Sie anstatt einer Nase einen Bart aus braun gefärbten Kokosfasern an.

Trophäensammlung
Büffel & Elch

Größe:	Material:	Werkzeug:
ca. 20 cm Höhe	Heu, Wickeldraht, Wackelaugen, Ast mit ca. 3 cm Durchmesser, Baumscheibe	Kleber, Kombizange, Schere, Gartenschere, Säge, Bohrer
Technik: Rundwickel-Bindetechnik		

Die Beschreibung zur Elchtrophäe finden Sie im Kapitel Bindetechniken unter Rundwickel-Bindetechnik.
Für die Schnauze des Büffels umgreifen Sie mit einer Hand ein großes Büschel längeres Heu und falten es, an einem Ende beginnend, in kleinen Schritten zu einer Kugel. Nehmen Sie die Drahtrolle, halten Sie das Ende des Drahts mit dem Zeigefinger der Hand, die auch das Heu hält, und wickeln Sie den Draht mehrmals an derselben Stelle um die Heukugel. Formen Sie die Schnauze, indem Sie die Kugel bei gleichzeitigem Abflachen mit Draht über Kreuz umwickeln.
Für die Stirn nehmen Sie ein neues Bündel Heu, falten ein Ende und verbinden dieses mit einer abgeflachten Seite der Schnauze, indem Sie die Überlagerungsstelle mehrmals mit Draht umwickeln. Falten Sie das lose Ende und verbinden Sie es mit zusätzlichem losem Heu durch spiralförmiges Umwickeln mit Draht.
Für die Ohren nehmen Sie jeweils etwas Heu, falten es mittig und befestigen das lose Ende am Hinterkopf, indem Sie die Überlagerungsstelle über Kreuz mit Draht umwickeln. Gestalten Sie die Ohren durch Über-Kreuz-Wickeln mit Draht und gleichzeitiges Abflachen des Heus weiter aus.
Für die Hörner sägen Sie ein etwa 20 cm langes Stück von dem Ast ab. Entrinden Sie es und spitzen Sie die beiden Enden an. Legen Sie das Holzstück mittig auf die Stirn und verbinden Sie es, indem Sie den Draht über Kreuz um die Hörner und den Hinterkopf wickeln. Nehmen Sie etwas Heu, legen Sie es auf das Holzstück im Stirnbereich und fixieren Sie es durch Über-Kreuz-Wickeln mit Draht. Formen Sie den Kopf, indem Sie den Draht mehrmals im Wechsel spiralförmig und über Kreuz um Schnauze, Stirn, Ohren und Hörner wickeln.
Durchtrennen Sie den Draht mit einer Kombizange und stecken Sie das Drahtende in die Figur. Schneiden Sie das überstehende Heu mit einer Schere ab. Für die Wandbefestigung bohren Sie ein Loch in die Baumscheibe und kleben den Büffelkopf auf.
Sägen Sie von dem Ast zwei 0,5 cm dicke Holzscheiben für die Nasenlöcher ab und kleben Sie sie auf.
Abschließend kleben Sie die Wackelaugen auf.

Türkranz

Größe:	Material:	Werkzeug:
ca. 25 cm Durchmesser	Heu, Wickeldraht, Strohblumen, rot gefärbte Christrose, Eukalyptuszweige, Bast	Kleber, Kombizange, Schere

Nehmen Sie eine Hand voll längeres Heu sowie eine Rolle mit Wickeldraht und halten Sie das Drahtende mit dem Zeigefinger der Hand, die auch das Heu hält, auf den Heupacken. Umwickeln Sie diese Stelle mehrmals mit Draht, bis das Drahtende befestigt ist. Anschließend wickeln Sie spiralförmig. Nehmen Sie eine weitere Hand voll Heu, falten Sie ein Ende und verbinden Sie dieses mit dem losen Ende des gewickelten Heuzylinders, indem Sie die Übergangsstelle mehrmals mit Draht umwickeln. Anschließend umwickeln Sie das Heu wiederum spiralförmig mit Draht. Wiederholen Sie den Vorgang, bis der Heuzylinder etwa eine Länge von 50 cm besitzt. Gleichen Sie durch Anbinden von losem Heu Unregelmäßigkeiten in der Form des Heuzylinders aus. Formen Sie den Zylinder zu einem Kreis und verbinden Sie die losen Heuenden durch Umwickeln mit Draht.
Durchtrennen Sie den Draht mit einer Kombizange und stecken Sie das Drahtende in den Kranz. Schneiden Sie das überstehende Heu mit einer Schere ab. Bekleben Sie den Kranz mit den oben angeführten Naturmaterialien. Als Aufhängung befestigen Sie einige Bastfäden.

Halloween-Figur

Größe:	Material:	Werkzeug:
ca. 100 cm Höhe **Technik:** Rundwickel-Bindetechnik	Heu, Wickeldraht, Wurzelholz, verschiedene knorrige Äste, große Zimtstange, getrockneter Ingwer, mintgrüne Sprayfarbe, gelbe wasserlösliche Farbe	Kleber, Kombizange, Schere, Gartenschere, Säge, Messer, Schwamm, schwarzer Faserstift

Kopf mit Wurzelhaar

Umfassen Sie mit einer Hand ein großes Büschel längeres Heu. Falten Sie das Heu, an einem Ende beginnend, in kleinen Schritten zu einer Kugel. Nehmen Sie die Drahtrolle, halten Sie das Ende des Drahts mit dem Zeigefinger der Hand, die auch das Heu hält, fest und wickeln Sie den Draht mehrmals an derselben Stelle um die Heukugel. Formen Sie aus der Kugel den Kopf, indem Sie sie gleichzeitig abflachen und den Draht über Kreuz wickeln. Binden Sie bei Bedarf zusätzliches Heu an. Durchtrennen Sie den Draht mit einer Kombizange und schneiden Sie überstehendes Heu mit einer Schere ab.
Färben Sie den Kopf mit dem Schwamm und der Wasserfarbe gelb, stecken Sie ihn auf eine Spitze des Wurzelholzes und befestigen Sie ihn mit Kleber. Sägen Sie für die Augen zwei Holzscheiben von ca. 5 cm Durchmesser, einen knorrigen Ast für die Nase und als Kopfbedeckung eine Wurzel und fixieren Sie anschließend alles mit Kleber. Malen Sie mit einem schwarzen Faserstift die Pupillen.

Kopf mit mintgrünem Heuhaar

Die Handgriffe sind für beide Köpfe im Prinzip identisch. Falten Sie lediglich am Anfang das Heu nur zu zwei Dritteln zu einer Kugel und gestalten Sie aus dem losen Teil den Haarschopf der Figur. Beschneiden Sie ihn mit einer Schere und färben Sie die Heuhaare mintgrün. Verwenden Sie eine dicke Zimtstange als Mund, einen krummen Ast als Nase und getrockneten Ingwer als Augen. Befestigen Sie den Kopf an einer anderen Stelle auf dem Wurzelholz.

Der Nachtwächter

Größe:	Material:	Werkzeug:
ca. 45 cm Höhe **Technik:** Mehrteil-Bindetechnik	Heu, Wickeldraht, Kugelaugen, Holz für Schnabel und Beine, weiß gefärbte Kokosfasern, Windlicht auf Stab, rote wasserlösliche Farbe	Kleber, Kombizange, Schere, Messer, Gartenschere, Säge, schwarzer Faserstift, Schwamm

Schnitzen Sie einen Schnabel. Nehmen Sie eine Hand voll längeres Heu und legen Sie den Schnabel mit dem stumpfen Ende mittig so darauf, dass er quer zum Heu liegt. Klemmen Sie den Schnabel fest, indem Sie das Heu zusammenfalten und den Bereich unterhalb des Schnabels mehrmals mit Draht umwickeln (siehe Mehrteil-Bindetechnik). Anschließend wickeln Sie den Draht mehrmals um Kopf, Schnabelansatz und Hals.
Für den Rumpf nehmen Sie ein Bündel Heu, falten die Hälfte in kleinen Schritten und verbinden diesen Teil mit dem Kopfansatz, indem Sie den Überlagerungsbereich mehrmals an derselben Stelle mit Draht umwickeln. Dann wickeln Sie den Draht abwechselnd spiralförmig und über Kreuz um den Körper und den Hals. Gestalten Sie den Vogelkörper durch Anbinden von losem Heu, hauptsächlich im Brustbereich, weiter aus.
Für die beiden Flügel benötigen Sie jeweils eine Hand voll längeres Heu. Falten Sie ein Ende eines Heubündels, legen Sie es im rechten Winkel mit seiner glatten Kante an den Vogelrumpf und verbinden Sie beides, indem Sie den Draht mehrmals an derselben Stelle um den Überlagerungsbereich wickeln (siehe Mehrteil-Bindetechnik). Formen Sie durch spiralförmiges Umwickeln mit Draht und Abflachen des Heus den Flügel. Diesen Vorgang wiederholen Sie für den zweiten Flügel. Variieren Sie die Flügelstellung. Durchtrennen Sie den Draht mit einer Kombizange und schneiden Sie das überstehende Heu mit einer Schere ab.
Schneiden Sie mit einer Gartenschere zwei winklige Hölzer zu, spitzen Sie jeweils ein Ende mit einem Messer an. Gestalten Sie aus dem Holz, Heu und Draht Beine und Füße (siehe Mehrteil-Bindetechnik). Die spitzen Enden der Beine werden so in den Körper gesteckt, dass die Figur auf einer Tisch- oder Regalkante sitzen kann. Danach fixieren Sie die Beine mit Kleber. Für die Gestaltung der Oberschenkel befestigen Sie eine Rolle Draht am Holz eines Beins. Nehmen Sie etwas Heu und falten Sie es zu einer kleinen Kugel. Halten Sie diese an den Übergangsbereich Bein/Körper und umwickeln Sie das Holz und das Heu fest spiralförmig mit Draht. Wiederholen Sie diesen Vorgang am anderen Bein, ohne vorher den Draht zu durchtrennen. Anschließend wickeln Sie den Draht mehrmals über Kreuz um den Körper und die Oberschenkel (siehe Mehrteil-Bindetechnik). Durchtrennen Sie den Draht und stecken Sie das Ende in die Figur.
Stechen Sie mit einem kleinen Schraubenzieher ein Loch in den nach vorn gerichteten Flügel und stecken Sie die Windlichtstange hindurch. Kleben Sie die Kugelaugen an. Zeichnen Sie mit einem schwarzen Faserstift die Pupillen. Formen Sie aus Draht eine Brille. Befestigen Sie den Haarschopf aus weißer Kokosfaser und die Brille mit Kleber.

Rentier „Rudolf"

Größe:	Material:	Werkzeug:
ca. 60 cm Länge, ca. 40 cm Höhe (ohne Geweih) **Technik:** Mehrteil-Bindetechnik	Heu, Wickeldraht, Wackelaugen, Holz für Beine à 25 cm Länge, Zweige	Kleber, Kombizange, Gartenschere

Für die Beine schneiden Sie mit einer Gartenschere vier Zweige oder Hölzer auf eine Länge von etwa 25 cm zu. Legen Sie ein Büschel Heu um ein Holzstück, falten Sie die beiden Heuenden, um das Holz abzudecken, und umwickeln Sie das Ganze spiralförmig mit Draht. Danach durchtrennen Sie den Draht. Gestalten Sie auf diese Weise auch die drei anderen Beine.
Nehmen Sie eine große Hand voll längeres Heu und umwickeln Sie es im mittleren Bereich auf ca. 25 cm Länge spiralförmig mit Draht. Teilen Sie eines der beiden losen Heuenden in drei Teile und formen Sie den kurzen Schwanz und die Ansätze für die zwei Hinterbeine (siehe gliederformende Bindetechnik). Befestigen Sie nacheinander die Hinterbeine, indem Sie sie auf den jeweiligen Beinansatz legen und die Überlagerungsstelle fest mit Draht umwickeln. Aus dem anderen losen Heuende formen Sie die Ansätze für die zwei Vorderbeine und den Kopf. Gestalten Sie den Körper durch Anbinden von losem Heu weiter aus.
Für den Kopf verbinden Sie ein Büschel Heu (mit der gefalteten, glatten Kante) durch spiralförmiges Umwickeln der Überlagerungsstelle mit dem Kopfansatz. Formen Sie den Kopf, indem Sie den Draht spiralförmig und über Kreuz wickeln. Für die Schnauze falten Sie das andere Heuende und umwickeln es ebenfalls mit Draht. Für die Ohren nehmen Sie jeweils etwas Heu, falten es mittig und befestigen es am Hinterkopf, indem Sie die Überlagerungsstelle über Kreuz mit Draht umwickeln. Gestalten Sie die Ohren durch spiralförmiges Umwickeln mit Draht und gleichzeitiges Abflachen des Heus weiter aus.
Durchtrennen Sie den Draht mit einer Kombizange und schneiden Sie das überstehende Heu mit einer Schere ab. Für das Geweih spitzen Sie die unteren Enden der Zweige an, stecken die Zweige zwischen die Ohren und kleben sie zusätzlich fest. Fixieren Sie die Wackelaugen mit Kleber.

Brummbär

Größe:	Material:	Werkzeug:
ca. 35 cm Höhe **Technik:** Gliederformende Bindetechnik	Heu, Wickeldraht, Plastiknase, Glasaugen, Schleife, Brummstimme, kleiner Karton	Kleber, Kombizange, Schere

Nehmen Sie eine Hand voll längeres Heu, falten Sie die Hälfte in kleinen Schritten zu einer Kugel und umwickeln Sie den Übergangsbereich mehrmals mit Draht. Formen Sie durch Über-Kreuz-Wickeln mit Draht den Kopf. Für die Schnauze falten Sie ein kleines Büschel Heu vollständig zu einer Kugel und verbinden es mit dem Kopf, indem Sie den Überlagerungsbereich mehrmals mit Draht umwickeln. Die Ohren gestalten Sie jeweils aus einem Büschel Heu, welches Sie mittig falten und durch Über-Kreuz-Wickeln des Drahtes an der Überlagerungsstelle mit dem Kopf verbinden. Formen Sie die Ohren durch spiralförmiges Umwickeln mit Draht und gleichzeitiges Abflachen des Heus weiter aus.

Für den Rumpf nehmen Sie ein Bündel Heu, falten ein Ende und verbinden diesen Teil mit dem Kopfansatz, indem Sie den Überlagerungsbereich mehrmals an derselben Stelle mit Draht umwickeln.

Wenn der Bär eine Stimme bekommen soll, befestigen Sie diese zuerst mit Kleber in einem kleinen Karton und wickeln beides in den Rumpf mit ein. Umwickeln Sie den Rumpf spiralförmig mit Draht. Nach ca. 20 cm Länge falten Sie das untere Ende des Heus um und umwickeln es ebenfalls mit Draht. Formen Sie den Rumpf durch Anbinden von losem Heu weiter aus. Wickeln Sie den Draht abwechselnd spiralförmig und über Kreuz um den Körper und den Hals.

Für die Beine nehmen Sie jeweils etwas längeres Heu, falten ein Ende und verbinden dieses mit dem Rumpf, indem Sie den Überlagerungsbereich mehrmals mit Draht umwickeln. Umwickeln Sie das Bein, vom Rumpf beginnend, in kleinen Windungen spiralförmig bis zu einer Länge von etwa 12 cm mit Draht, falten Sie das lose Heuende und wickeln Sie den Draht wieder zurück. Wiederholen Sie den Vorgang für das zweite Bein.

Dann wickeln Sie den Draht in großen Windungen zum Vorderteil des Rumpfes zurück und gestalten, wie oben beschrieben, die Arme. Durchtrennen Sie den Draht mit einer Kombizange und stecken Sie das Ende in die Figur. Schneiden Sie überstehendes Heu mit einer Schere ab und fixieren Sie die Plastiknase, Glasaugen und eine Schleife mit Kleber.

Wenn Sie den Bären nach vorn und zurück drehen, brummt er laut.

Elch mit Windlichtern

Größe:	Material:	Werkzeug:
ca. 50 cm Höhe **Technik:** Mehrteil-Bindetechnik	Heu, Wickeldraht, Kugelaugen, Zweige, gebogenes Holz für die Beine, 2 Windlichter auf gekürzten Stäben	Kleber, Kombizange, Schere, Messer, Gartenschere, schwarzer Faserstift, kleiner Schraubenzieher

Für die Arme und Beine schneiden Sie mit einer Gartenschere vier gebogene Zweige oder Hölzer zu. Legen Sie ein Büschel Heu um ein Holzstück, falten Sie die beiden Heuenden, um das Holz abzudecken, und umwickeln Sie das Ganze spiralförmig mit Draht. Danach durchtrennen Sie den Draht. Gestalten Sie auf diese Weise auch die drei anderen Teile.
Nehmen Sie eine große Hand voll längeres Heu und umwickeln Sie es im mittleren Bereich auf ca. 25 cm Länge spiralförmig mit Draht. Teilen Sie eines der beiden losen Heuenden in drei Teile und formen Sie den kurzen Schwanz und die Ansätze für die Beine. Befestigen Sie nacheinander die Beine, indem Sie sie auf den jeweiligen Beinansatz legen und die Überlagerungsstelle fest mit Draht umwickeln. Die Beine sollten so befestigt werden, dass der Elch auf einer Tischkante oder einem Fensterbrett sitzen kann. Aus dem anderen losen Heuende formen Sie die Ansätze für die Arme und den Kopf. Befestigen Sie, wie oben beschrieben, die Arme am Rumpf. Gestalten Sie den Körper durch Anbinden von losem Heu weiter aus.
Für den Kopf verbinden Sie ein Büschel Heu (mit der gefalteten, glatten Kante) durch spiralförmiges Umwickeln der Überlagerungsstelle mit dem Kopfansatz. Für die Schnauze falten Sie das andere Heuende in kleinen Schritten zu einer Kugel und umwickeln es über Kreuz ebenfalls mit Draht. Formen Sie anschließend den Kopf, indem Sie den Draht spiralförmig und über Kreuz um Hals, Oberkörper und Schnauze wickeln. Bei Bedarf binden Sie loses Heu mit Draht an.
Für die Ohren nehmen Sie jeweils etwas Heu, falten es mittig und befestigen es am Hinterkopf, indem Sie die Überlagerungsstelle über Kreuz mit Draht umwickeln. Gestalten Sie die Ohren durch spiralförmiges Umwickeln mit Draht und gleichzeitiges Abflachen des Heus weiter aus.
Durchtrennen Sie den Draht mit einer Kombizange und schneiden Sie das überstehende Heu mit einer Schere ab. Für das Geweih spitzen Sie die unteren Enden der Zweige an, stecken die Zweige zwischen die Ohren und kleben sie zusätzlich fest. Fixieren Sie die Kugelaugen mit Kleber. Zeichnen Sie die Pupillen mit einem schwarzen Faserstift. Stechen Sie mit einem kleinen Schraubenzieher jeweils ein Loch in die Arme und stecken Sie die Stäbe der Windlichter durch die Arme (statt der Stäbe können Sie auch Schrauben verwenden).

KAPEL
FRUITBEDRIJF

Weihnachtsgans „Auguste“

Größe:	Material:	Werkzeug:
ca. 60 cm Höhe **Technik:** Mehrteil-Bindetechnik	Heu, Wickeldraht, Kupferdraht, Wackelaugen, Holz für Schnabel und Beine, rot gefärbte Kokosfasern, Watte, weiße Federn, Holz für Krückstock, gelbe und rote wasserlösliche Farben	Kleber, Kombizange, Schere, Messer, Gartenschere, Säge, kleiner Schraubenzieher, Schwamm

Schnitzen Sie einen flachen Schnabel. Nehmen Sie eine Hand voll längeres Heu und legen Sie den Schnabel mit dem stumpfen Ende mittig so darauf, dass er quer zum Heu liegt. Klemmen Sie den Schnabel fest, indem Sie das Heu zusammenfalten und den Bereich unterhalb des Schnabels mehrmals mit Draht umwickeln. Anschließend wickeln Sie den Draht mehrmals um Kopf, Schnabelansatz und Hals.

Für den Rumpf nehmen Sie ein Bündel Heu, falten die Hälfte in kleinen Schritten und verbinden diesen Teil mit dem Kopfansatz, indem Sie den Überlagerungsbereich mehrmals an derselben Stelle mit Draht umwickeln. Dann wickeln Sie den Draht abwechselnd spiralförmig und über Kreuz um den Körper und den Hals. Gestalten Sie den Vogelkörper durch Anbinden von losem Heu, hauptsächlich im Brustbereich, weiter aus.

Für die beiden Flügel benötigen Sie jeweils eine Hand voll längeres Heu. Falten Sie ein Ende eines Heubündels und verbinden Sie seine glatte Kante im rechten Winkel mit dem Vogelrumpf, indem Sie den Draht mehrmals an derselben Stelle um den Überlagerungsbereich wickeln. Formen Sie durch spiralförmiges Umwickeln mit Draht und Abflachen des Heus den Flügel. Diesen Vorgang wiederholen Sie für den zweiten Flügel. Variieren Sie die Flügelstellung. Durchtrennen Sie den Draht mit einer Kombizange und schneiden Sie das überstehende Heu mit einer Schere ab.

Schneiden Sie mit einer Gartenschere zwei Zweige oder Hölzer auf eine Länge von etwa 20 cm zu und spitzen Sie jeweils ein Ende mit einem Messer an. Gestalten Sie aus Holz, Heu und Draht Beine und Füße (siehe Mehrteil-Bindetechnik). Die spitzen Enden der Beine werden so in den Körper gesteckt, dass die Figur steht. Danach fixieren Sie die Beine mit Kleber.

Färben Sie den Schnabel und die Beine orange, indem Sie sie mit einem nassen Schwamm nacheinander mit roter und gelber wasserlöslicher Farbe wischen.

Stechen Sie mit einem kleinen Schraubenzieher Löcher in den Schwanzbereich und fixieren Sie die Federn mit Kleber. Kleben Sie die Wackelaugen an. Formen Sie aus den rot gefärbten Kokosfasern eine Mütze und kleben Sie sie auf den Kopf der Gans. Abschließend kleben Sie eine Wattekugel auf die Mütze. Befestigen Sie den Krückstock an dem nach vorn gerichteten Flügel mit Kleber.

Engel

Größe:	Material:	Werkzeug:
ca. 45 cm Höhe	Heu, Wickeldraht, Flowerhair, Federflügel, Federkranz, Glaswindlicht	Kleber, Kombizange, Schere
Technik: Rundwickel-Bindetechnik		

Für den Rumpf nehmen Sie eine Hand voll längeres Heu und umwickeln drei Viertel spiralförmig mit Draht. Nehmen Sie eine weitere Hand voll längeres Heu, falten Sie ein Drittel in kleinen Schritten und verbinden Sie den dünneren losen Teil mit dem losen Teil des Rumpfes, indem Sie den Übergangsbereich mehrmals mit Draht umwickeln. Der dickere Teil ist nach unten gerichtet. Umwickeln Sie das Heu spiralförmig mit Draht. Wiederholen Sie den Vorgang etwa viermal, bis Sie einen Kegel geformt haben. Damit der Engel eine feste und ebene Standfläche erhält, wickeln Sie den Draht mehrmals über Kreuz um Standfläche und Engelstallie und pressen die Standfläche auf eine ebene Unterlage.

Für den Oberkörper nehmen Sie eine Hand voll Heu, falten ein Ende und verbinden dieses mit dem schmalen losen Ende des Rumpfes (Engelstallie), indem Sie die Verbindungsstelle mehrmals mit Draht umwickeln. Nehmen Sie eine weitere Hand voll längeres Heu, falten Sie ein Drittel in kleinen Schritten und verbinden Sie den dünneren losen Teil mit dem losen Teil des Rumpfes. Der dickere Teil ist nach oben gerichtet. Umwickeln Sie den Oberkörper spiralförmig und über Kreuz mit Draht. Bei Bedarf wiederholen Sie diesen Vorgang.

Für den Kopf nehmen Sie ein Büschel längeres Heu, falten ein Ende und verbinden es mit dem Oberkörper, indem Sie den Übergangsbereich mehrmals mit Draht umwickeln. Falten Sie das lose Ende des Kopfes in kleinen Schritten zu einer Kugel und umwickeln Sie diese spiralförmig und über Kreuz mit Draht.

Für die Arme nehmen Sie jeweils etwas längeres Heu, falten ein Ende und verbinden dieses im rechten Winkel mit dem Rumpf, indem Sie den Überlagerungsbereich mehrmals mit Draht umwickeln. Umwickeln Sie den Arm, vom Rumpf beginnend, in kleinen Windungen spiralförmig bis zu einer Länge von etwa 15 cm mit Draht, falten Sie das lose Heuende und wickeln Sie den Draht wieder zurück. Wiederholen Sie den Vorgang für den zweiten Arm. Verbinden Sie die Arme, indem Sie sie im Bereich der Hände fest mit Draht umwickeln.

Durchtrennen Sie den Draht mit einer Kombizange und stecken Sie das Ende in die Figur. Schneiden Sie überstehendes Heu mit einer Schere ab. Kleben Sie das Glaswindlicht zwischen die Hände des Engels und fixieren Sie die Federflügel, das Flowerhair und den Federkranz mit Kleber.

Weihnachtsbaum

Größe: ca. 200 cm Höhe
Material: Holzwolle, Heu, Wickeldraht, Golddraht, Gips, Tontopf, Ast, Moos; Baumschmuck: Zimtstangen, Sternanis, Lavendel, Ingwer, getrocknete Apfelscheiben, rot gefärbte Blätter, roter Pfeffer, Nüsse, Weidenstern auf Stab
Werkzeug: Kleber, Kombizange, Schere, Säge, Messer

Nehmen Sie einen großen Packen Holzwolle und formen Sie einen spitzen, etwa 150 cm hohen Kegel, indem Sie die Holzwolle spiralförmig mit Draht umwickeln. Verbreitern Sie den unteren Bereich, indem Sie dort zusätzliche Holzwolle anbinden. Formen Sie den Kegel durch unterschiedlich festes Wickeln des Drahts und Pressen der Holzwolle. Damit der Baum eine feste und gerade Unterseite erhält, wickeln Sie den Draht mehrmals über Kreuz um Unterseite und Spitze und pressen die Unterseite auf eine ebene Unterlage.
Sind Sie mit der Baumform zufrieden, umwickeln Sie den Baumkegel mit Heu, indem Sie von oben nach unten flächendeckend Heubüschel mit Draht anbinden. Arbeiten Sie gründlich, damit keine Holzwolle mehr zu sehen ist. Durchtrennen Sie den Draht mit einer Kombizange und stecken Sie das Ende in die Figur.

Schneiden Sie überstehendes Heu mit einer Schere ab.
Sägen Sie einen etwa 50 cm langen Ast zu. Spitzen Sie ein Ende mit dem Messer an. Rühren Sie eine kleine Tüte Gips mit Wasser im Tontopf an. Stellen Sie das stumpfe Ende des Astes gerade in die Masse und lassen Sie es aushärten.
Inzwischen fertigen Sie den Baumschmuck. Nehmen Sie eine Rolle Golddraht und befestigen Sie z. B. Sternanis durch mehrmaliges Umwickeln und Verdrillen des Drahts im Abstand von ca. 5 cm. Basteln Sie eine Kette in der Länge des Baumkegels. Fertigen Sie auf diese Weise weitere Schmuckketten aus Naturmaterialien.
Stecken Sie den Baumkegel auf das spitze Ende des eingegipsten Astes. Stecken Sie den Stab mit dem geflochtenen Weidenstern in die Spitze des Baums. Befestigen Sie die Schmuckketten am Baum, indem Sie sie an einem Ende um den Stab des Weidensterns wickeln. Lassen Sie sie gerade nach unten hängen.
Bedecken Sie den Gips im Tontopf mit Moos.

Christbaumschmuck

Größe: ca. 5 cm

Technik: Rundwickel-Bindetechnik

Material: Heu, Wickeldraht, Golddraht, Sternanis, Lavendel, Gewürznelken, Rosenblätter

Werkzeug: Kleber, Kombizange, Schere, Tapetenleim

Kugeln

Nehmen sie etwas Heu und falten Sie es zu einer Kugel. Formen Sie diese, indem Sie sie über Kreuz mit Draht umwickeln.
Für die Aufhängung formen Sie aus dem Draht eine kleine Schlaufe. Durchtrennen Sie den Draht mit einer Kombizange und stecken Sie das Ende in die Figur. Schneiden Sie überstehendes Heu mit einer Schere ab. Befestigen Sie Golddraht oder Bast an der Schlaufe.

Herzen

Nehmen Sie etwas Heu und falten Sie es zu einer Kugel. Nehmen Sie eine Rolle mit Wickeldraht und halten Sie das Drahtende mit dem Zeigefinger der Hand, die auch das Heu hält, mittig auf die Kugel.
Umwickeln Sie diese Stelle mehrmals fest, bis das Drahtende befestigt ist. Formen Sie durch Über-Kreuz-Wickeln des Drahts bei gleichzeitigem Abflachen des Heus das Herz. Für die Aufhängung formen Sie aus dem Draht eine kleine Schlaufe. Durchtrennen Sie den Draht mit einer Kombizange und stecken Sie das Ende in die Figur. Schneiden Sie überstehendes Heu mit einer Schere ab. Befestigen Sie Golddraht oder Bast an der Schlaufe.
Durch unterschiedlich starkes Umwickeln mit Draht gestalten Sie auf diese Weise auch noch andere Formen.
Schmücken Sie die Formen mit Blütenblättern, duftenden Gewürzen und anderen Naturmaterialien. Verwenden Sie zum Umwickeln der Blütenblätter Golddraht und zum Befestigen der Gewürze Kleber.